CHINESE BASIC WRITING (Ⅱ)

汉语基础写作（下）

李丹丹 / 编著

图书在版编目(CIP)数据

汉语基础写作. 下 / 李丹丹编著. —北京：北京大学出版社，2019.9
ISBN 978-7-301-30635-2

Ⅰ.①汉…　Ⅱ.①李…　Ⅲ.①汉语—写作—对外汉语教学—教材　Ⅳ.①H195.4

中国版本图书馆CIP数据核字（2019）第 176411 号

书　名	汉语基础写作（下） HANYU JICHU XIEZUO (XIA)
著作责任者	李丹丹　编著
责任编辑	任　蕾
标准书号	ISBN 978-7-301-30635-2
出版发行	北京大学出版社
地　　址	北京市海淀区成府路 205 号　100871
网　　址	http://www.pup.cn　新浪微博：@北京大学出版社
电子信箱	zpup@pup.cn
电　　话	邮购部 010-62752015　发行部 010-62750672 编辑部 010-62753374
印　刷　者	天津中印联印务有限公司
经　销　者	新华书店
	787 毫米 × 1092 毫米　16开本　9.25 印张　126千字 2019 年 9 月第 1 版　2019 年 9 月第 1 次印刷
定　　价	36.00 元

未经许可，不得以任何方式复制或抄袭本书之部分或全部内容。
版权所有，侵权必究
举报电话：010-62752024　电子信箱：fd@pup.pku.edu.cn
图书如有印装质量问题，请与出版部联系，电话：010-62756370

暨南大学本科教材资助项目（外招生使用教材资助项目）

立项资助

编写说明
Preface

　　本套教材是为汉语中级水平学习者编写的基础写作教材，分上、下两册，每册五单元，每单元三课，共三十课，每册教学时间为一学期。

　　本教材的教学内容为记叙文和应用文。教学目标有二：一是让学生能够熟练运用记叙文的基础知识（如肖像描写、语言描写）进行写作，并对文章的结构布局、过渡连接（如写一个人、写一篇游记）等形成一些基础认识，以提高记叙文的写作能力；二是让学生能够在相应的场合使用应用文进行交际，以适应生活和工作的需要。记叙文部分并不要求学生全部用汉语的书面语来写，只要"我手写我口"即可；应用文部分则较多涉及书面语。因此在一个单元中编入两课记叙文和一课应用文，可以使学生口语化和书面语化的汉语写作能力都得到相应的训练。

　　为了达到以上教学目标，本教材每课都设置了"学一学""说一说""写一写"和"读一读"四个方面的内容。"学一学"一般提供一两篇例文，这些例文大都是暨南大学华文学院汉语系本科班、中级班的留学生习作，例文内容贴近留学生的生活，同时篇幅较短，能够较好地体现本课的教学重点，有利于节约教师用于课堂讲解的时间。"说一说"一般就例文内容对学生进行提问，在提问中自然地带出本课的教学重点。"写一写"一般设计三个题目，第一题和第二题主要让学生进行填空、选择、判断、扩充、缩减等基础练习，以熟练掌握、融会贯通本课的教学重点。第三题主要让学生进行当堂写作训练，这一训练建立在完成第一题和第二题的基础之上，写作的难度已经得到分级消解和有效控制。教师应鼓励学生尽量当堂完成这一练习，以提高写作速度，养成良好的写作习惯。"读一读"一般再提供一篇例文，这是为加深学生对本课教学内容的理解，拓展他们的课外阅读量而设计的，教师可不予讲解，督促学生课外自主学习即可。

  本教材积十年教学实践，反复修改，成为现在的面貌。建议使用本教材的学校每周安排一次汉语基础写作课，每次两课时连上，原则上每周完成一课的教学任务。

  本教材中的例文大多已注明作者及出处，未提供出处者为编者自撰，特此说明。

编　者

目 录
Contents

编写说明 Preface I

Unit 6 第六单元
第十六课	肖像描写 1
第十七课	动作描写 10
第十八课	应用：申请 18

Unit 7 第七单元
第十九课	语言描写 24
第二十课	心理描写 35
第二十一课	应用：感谢 45

Unit 8 第八单元
第二十二课	场面描写 52
第二十三课	写一个人 62
第二十四课	应用：欢迎 72

Unit 9 第九单元
第二十五课	抓住特点 78
第二十六课	展开联想 87
第二十七课	应用：简历 95

Unit 10 第十单元	第二十八课	写一篇游记	101
	第二十九课	标点符号	110
	第 三 十 课	应用：求职	118

参考答案 Reference Answer　　　　　　　　　　124

后记 Postscript　　　　　　　　　　　　　　　136

Unit 6 第六单元

第十六课 肖像描写

一、学一学

地铁上发呆的一个人

昨天我坐地铁回家的时候，坐在我前面的是一个男人。他的表情让我不由得多看了他几眼。他的头发凌乱极了，看起来像是好几天没有洗澡的样子。他穿的衬衫和西裤让我感觉他家里好像发生了什么事儿，而且他的手臂上还系着一条黑色的布带。他脸上的表情很失落，双眼无神。我越看他，越觉得他可怜。

电影院门口的一个中年男人

在一个晴天的午后，有一个四十多岁的中年男人站在电影院门口。他穿着一件熨得整整齐齐的白衬衫和一条合身的牛仔裤，戴着一副眼镜，神情和蔼但并不放松，像一只猫头鹰一样注意着左右来往的行人。他在等谁？

在打折店疯狂挑衣服的女孩儿

乱糟糟的打折店里，挤满了各色各样的人。有一个女孩儿穿着一件简单的白色T恤、一条有点儿褪色的短裤。她头发乱乱的，睡眼惺忪，没有化妆，好像刚刚起床不久。但她的肩膀上、左臂上已经搭了八九件衣服，右手上还抓着三四件"战利品"。

第十六课 肖像描写
Lesson Sixteen

二、说一说

今天我们学习写人记叙文中的肖像描写，读了上面三个片段，请大家回答下面的问题。

1. 你知道"肖像描写"的意思吗？

2. 肖像描写要从哪几个方面进行？

3. 请你猜一猜这三个人的性格和工作。

三、写一写

1. 判断下列句子中所描写的"他"或"她"的职业。

（1）他手指缝儿里满是粉笔灰，脸上带着和蔼的笑容，说话不紧不慢，总是非常耐心。　　　　　　　　　（　　　）

（2）他脖子有点儿粗，肚子有点儿大，脸上胖乎乎的，戴着顶白色的高帽子。　　　　　　　　　　　　（　　　）

（3）他眼神很威严，走路的时候身体总是笔直，坐下来的时候他把两只手平放在大腿上，一看就受过严格的训练。
　　　　　　　　　　　　　　　　　　　　　　　（　　　）

（4）一看到她身上的白大衣，一闻到她身上的消毒水味儿，我就不会害怕和担心了。（　　　　）

（5）她穿着合身的制服，戴着船型的帽子，脖子上围着一条彩色的丝巾。她在狭窄的通道中稳稳地把餐车推到我身边，微笑着低下头来问我："先生，请问您喝点儿什么？"（　　　　）

2. 从下面几个方面对班上的一位同学进行观察和描写。

（1）他/她是男生还是女生？

_____
_____
_____

（2）他/她多大年龄？

_____
_____
_____

（3）他/她的身高、体型怎么样？

_____
_____
_____

（4）他/她的五官有什么地方让你印象深刻？

_____

_____

_____

（5）他/她的性格怎么样？他/她的样子和气质是否能反映出他/她的性格？

_____

_____

_____

3. 对班上的一位同学进行肖像描写，不要写出名字，让大家猜猜他/她是谁。

第十六课　肖像描写
Lesson Sixteen

四、读一读

课后读一读这篇文章,感受一下这位同学的形象和性格之间的关系。

猜猜他是谁

〔印度尼西亚〕 陈恩茹

他身材矮小,不胖也不瘦,圆圆的头上长着硬硬的头发,不管使不使用发胶,他的头发每天都是竖着的。他的脸上长了很多雀斑。谁见了都说他很可爱。

第十六课　肖像描写
Lesson Sixteen

每次，他看到陌生人的时候都会很热情，还十分幽默。放学的时候我们很少一起回宿舍，但在教室里我们经常有说有笑，只要有他在的地方，大家都会很开心。

他特别喜欢唱歌，无论唱英文歌还是中文歌，他都唱得很好听。他每天都把休息时间的教室变成KTV包间。

Unit 6 第六单元

第十七课
动作描写

一、学一学

晚上十点

〔法国〕 黄高乐

孩子们终于睡着了,而她还不能。她慢慢儿地挪到厨房里给自己冲上一杯热腾腾的茶。她已经非常困了,感觉要非常用力才能把眼皮睁开。突然,她的鼻子嗅了嗅,垃圾桶里满满的垃圾还没扔呢,水槽里满满的碗也还没洗呢。她停了一会儿,盯着垃圾桶发呆。但她一分钟也休息不了,卧室里已经传来了声音,宝贝女儿又开始哭了,接着把儿子也吵醒了。两个孩子一起哭闹起来,争着叫妈妈来抱他们。

写作业

〔印度尼西亚〕 黄美丽

我把我的铅笔从铅笔盒拿出来,又拿出一张纸慢慢地放在桌子上。30分钟以后,这张纸还是很干净,我连一个字也没写。看着这张纸,我不知道要写什么好。

我闭上眼睛,努力地想要写点儿什么,但是什么都想不出来,我只能嘟囔一句:"为什么老师给我《动作描写》这么难写的作文题目?"终于,我开始慢慢写出了第一个字,一个一个字又慢慢地变成了一个句子。我轻声默念了一遍自己写的句子,但是不太满

意,又马上用橡皮擦把它们擦掉了,重新写。现在句子终于写顺了,我感到稍微有点儿满意了,但不知道老师接不接受我的这份作业呢?

二、说一说

今天我们学习写人记叙文中的动作描写,读了上面两个片段,请大家回答下面的问题。

1. 你知道"动作描写"的意思吗?

2. 找出两个片段中的动词,看看这些动词前后是否还可以插入其他成分。

三、写一写

1. 下面同一组的两个句子描写的是同一件事情、同一个动作,请你找出这两个句子不一样的地方,并想一想哪个句子写得更好,为什么。

(1) a. 第三天,我起来了,去故宫博物院。

b. 第三天，太阳还没有出来，我一大早就起来了，冒着一阵阵寒风，直奔故宫博物院。

（2）a. 我看见有一群人站在故宫门前，就走过去。

b. 我远远看见有一群人站在故宫门前，就急忙走过去。

（3）a. 天亮了，人多了，大门一开，人们往门里走去。

b. 天慢慢亮了，人也越来越多了，大门一开，人们都拥挤起来，都想快点儿走进去欣赏这人类的伟大建筑。

2. 动作描写不仅要写出这个动作是"什么"，还要告诉别人这个动作是"怎么"做出来的。参照例子，按照提示在动词的前后增加相关的成分，把动作描写得更加具体、充分。

例：他跑得 <u>满头大汗</u>，一到家就 <u>匆匆忙忙</u> 地找护照。

（1）他一边 ＿＿＿＿＿ 地喝着茶，一边 ＿＿＿＿＿ 地翻看着报纸。

（2）她找得 ＿＿＿＿＿，还是没能找到那张邮票。

（3）他骑车骑得 ＿＿＿＿＿，差点儿撞上了路边的大树。

（4）酒店经理 ＿＿＿＿＿ 地笑了笑，对我们说道："欢迎下次光临！"

（5）小孩儿 ＿＿＿＿＿ 地闭着眼睛，躺在床上装睡。

3. 参考范文,以《等车》《洗衣服》《跑步》《上学》《做作业》等为题,写出一组具有10个以上动词的连续动作描写。

注意:不仅要写出是"什么"动作,还要写出这个动作是"怎么"做出来的。

提示:下列动词包含了眼睛、嘴巴、手和脚的动作,可以参考。

眼睛	盯	瞪	眨	瞟	睁	眯	打量	望	看	闭
嘴巴	嗷	呻吟	叫	嚷嚷	叮	嘟囔	骂	吵	喊	吼
手	指	抬	摸	捏	搂	抢	捂	抱	戳	提
脚	跨	拖	踩	蹭	挪	跳	跑	走	蹲	踢

第十七课　动作描写
Lesson Seventeen

四、读一读

课后读一读这篇文章，体会一下"打坐"这个动作。

打 坐

〔韩国〕 东佑师

起床后，我先整理好床铺，然后让身体放松，坐到坐垫上。首先，我弯曲膝盖，把右腿放在左腿上。然后，我把右手放在左手上面，两个大拇指碰在一起，两手相叠放在腿上。我再伸直腰，使肩膀塌下去，把舌头卷起来顶住上颚，调整呼吸，用鼻子深吸一口气，然后把气呼出去。最后，我闭上眼睛，感觉自己好像与万事万物已经融为一体了。

Unit 6 第六单元

第十八课
应用：申请

一、学一学

申请书

北京大学招生办公室：

　　您好！

　　我是泰国清迈大学中文系四年级的学生，目前已经通过了HSK6级考试。我对中国经济很感兴趣，为了更好地了解中国的经济情况，我希望大学毕业后到贵校国际经济与贸易专业攻读硕士学位。现寄上相关材料，特此申请。

　　此致

敬礼！

申请人：林文成

2019年1月

二、说一说

今天我们学习申请书的写法，请回答下面的问题。

1. 这封申请书是谁写给谁的？

2. 林文成是谁？

3. 他要申请什么？

4. "特此申请"是什么意思？

三、写一写

1. 申请书要写清楚申请的原因和申请的事项，模仿例句，把下表中的 a 部分和 b 部分连接成一个完整的句子。

a. 申请的原因	b. 申请的事项
更好地生活和学习	到贵市举行一个展销会
检验和提高汉语水平	举办一个留学生舞会
让中国用户了解我们公司的产品	调换一个安静的宿舍
丰富留学生的课余生活	到中国企业实习

> 例：为了 <u>更好地了解中国的经济情况</u>，我打算<u>到贵校经济系学习</u>。

（1）为了_____，我申请_____。

（2）为了_____，我打算_____。

（3）为了_____，我公司申请_____。

（4）为了_____，我们打算_____。

2. 按申请书的格式给下面的句子排序。

①我是巴拿马留学生，2018年9月至今在贵系学习。

②汉语系办公室：

③除了学习，我还带领同学们积极参加学校和班级的各项活动，获得了校优秀班干部的称号。

④盼望早日得到你们的答复。

⑤您好！

⑥此致

⑦在过去的两个学期中，我的综合课、听说课、阅读课、写作课的成绩都达到了90分以上。

⑧为了能够继续在贵系学习，进一步提高我的汉语水平，我希望能够申请我校的优秀学生奖学金。

⑨雅娜

⑩2019年9月1日

⑪敬礼!

---

3. 之前你住在校外,因为多种原因,希望下个学期能入住学校宿舍。请你向学校的后勤办公室写一封申请书。

注意:(1)先介绍自己的基本情况。

(2)说清楚申请的原因。

6 第十八课　应用：申请
Lesson Eighteen

四、读一读

课后读一读这封申请书，想一想这封申请书有什么问题。

广东省外事办公室：

我们希望到贵省举办一个农产品展览。特此申请。

泰国安安香米公司

2018 年 11 月 3 日

Unit 7 第七单元

第十九课
语言描写

一、学一学

求 婚

〔印度尼西亚〕 蔡育城

　　小王坐在咖啡厅的角落里,看着女朋友丽丽,有些手足无措。他今天要向丽丽求婚,一切都准备好了,他却不知道怎么开口。

　　"丽丽,对……对我来说,今天是很重要的一天。"

第十九课　语言描写
Lesson Nineteen

小王有点儿紧张。

丽丽正在看手机，听他这么说，立刻抬起头问他："你怎么了？为什么你说话变成这样？你哪里不舒服吗？"

小王马上说："不是不是，没什么……算了。"

丽丽撇了撇嘴，"你今天真有点儿奇怪！"她不满意地说。

小王把他这辈子所有的勇气都拿出来了，红着脸说了一句他从书上看到的话："丽丽……说实话……我第一次……看到你，心情就好像春天的花儿开了一样。"

丽丽的脸马上红了起来："哎呀，你怎么这么说啊，我都不好意思了。"

小王趁自己的勇气还没消失，赶紧说出他想了好久的话："我们谈恋爱谈了快三年了，但是我觉得我们不适合谈恋爱。所以从现在开始，我们不谈恋爱了，我们分手吧！"

丽丽脸上的红晕还没有消失，眼睛却红了，眼泪静静地流了下来，她低下头一句话也说不出来。这是怎么回事？过去几年两个人在一起的画面像电影一样在眼前回放，她没有办法答应小王提出的这个要求。

丽丽一低下头，小王马上暗示服务员把花儿递给

他。这时,小王缓缓地对丽丽说了这样一段话:

"丽丽,别哭了,你看着我。我想跟你分手,是因为我再也不想跟你谈恋爱了,我想跟你结婚!你愿意嫁给我吗?"

咖啡店突然安静下来。

听到这段话,丽丽泪流满面地抬起头,又惊讶又生气又高兴:"你!你!真的吗?吓死我了……我愿意!……好生气哦!你真是太讨厌了!……我愿意!"

二、说一说

今天我们学习写人记叙文的语言描写,请大家回答下面的问题。

1. 这篇文章描写了几个人的语言?

2. 从小王的语言中,你感觉他的性格是什么样的?

3. 从丽丽的语言中,你感觉她的性格是什么样的?

第十九课　语言描写
Lesson Nineteen

三、写一写

1. 模仿例句，把句子替换成其他两种格式。

> **例：** 他对我说："我不喜欢喝咖啡，我喜欢喝茶。"
> → "我不喜欢喝咖啡，我喜欢喝茶。"他对我说。
> → "我不喜欢喝咖啡，"他对我说，"我喜欢喝茶。"

（1）"明天上午上听说课，"王老师对我们说，"不上综合课。"

→ _____

→ _____

（2）我告诉他："自己健身很容易受伤，还是得请教练指导。"

→ _____

→ _____

（3）"我是我们国家汉语第二好的人，第一好的是我的老师。"卡门非常认真地说。

→ _____

→ _____

（4）黄小丽非常惊讶："你没去过广州塔？那你来广州后去哪里了？"

→ _____

→ _____

（5）"我们这里有好多好吃的，你来不来？"林小文给我打电话。

→ _____

→ _____

2. 根据提示，为人物选择合适的语言完成对话。

（1）"阿姨，我来帮你的忙吧。"

"_____ 你喝杯茶，菜很快就做好了。"

（客气又礼貌）

  A. 不用！   B. 不用，不用。

  C. 嗯……不用！ D. 不用吧。

（2）"这个工作非常重要，你有没有信心完成？"

"_____"（很有信心）

  A. 嗯！   B. 嗯……

  C. 嗯？   D. 嗯。

第十九课 语言描写
Lesson Nineteen

（3）"爸爸，我能买这本书吗？"

"_____"（犹豫）

    A. 我觉得不可以。   B. 我得想想……

    C. 我觉得可以！   D. 不行。

（4）"你在干什么？"

"_____"（慌张）

    A. 看书。   B. 没干什么。

    C. 啊……没干什么。   D. 我不想告诉你！

（5）"_____"（着急）

"对不起，我真得走了。"

    A. 你别走呀！   B. 你别走。

    C. 你别走，好吗？   D. 你敢走？

3. 你常常和谁在一起聊天？你还记得和他／她最有意思的一次对话吗？把你们当时对话的场景写出来，注意语言描写的格式。

第十九课 语言描写
Lesson Nineteen

四、读一读

课后读一读这篇文章,从语言描写中试着分析下文和本课范文里的两个"小王"、两个"丽丽"的性格有什么不一样。

求 婚

〔韩国〕 柳佳永

在上海一个著名的高级餐厅里,小王焦躁地坐在桌子旁边。他的女朋友丽丽过了一会儿也到了,她看了一眼小王,觉得他跟平时不太一样。因为小王穿着定做的西装,打扮得十分帅气。

第十九课　语言描写
Lesson Nineteen

　　他们俩开始吃饭，但是小王的表情始终不太自然，看起来不太舒服。过了一会儿，他终于忍不住从口袋里掏出一个小盒子来，深情地对丽丽说："我们谈恋爱的这几年，我一直在想，如果我们一直相守到老，不管发生什么，我们都彼此不离不弃。所以今天我要鼓起勇气告诉你我的真心……"

　　丽丽吃惊地问他："你说的是真的吗？"小王点点头。丽丽的眼里含满了泪水。小王以为她很感动，要答应求婚了，于是嘴角不由地浮出了微笑，他紧张的情绪也放松了下来。但这时他听到丽丽说："虽然你是我的男朋友，但你也是我的老板，如果我们结了婚，我得离开公司吗？"

原来丽丽和小王在同一家公司工作，小王是副总经理，丽丽是职员。因为小王是公司领导，按照公司的规定，他们要是结婚的话，丽丽就不得不离开这家公司。小王知道丽丽非常喜欢这份工作，他也不是没考虑过这个问题，但是现在他不能再回避这个问题了。他想了想，鼓起勇气说："其实我希望结婚后你在家里休息。"丽丽坐在那儿，一句话也不说，周围的空气仿佛停止了流动，餐厅里的气氛沉重起来……

小王的求婚就这样失败了。

Unit 7 第七单元

第二十课 心理描写

一、学一学

<h3 style="text-align:center">面 试</h3>

〔韩国〕朴贤爱

  毕业后，我去了一家自己一直很向往的公司面试。在等待过程中，面试官看上去不太热情，我有点儿不安。我心想，他们已经面试了很多人，所以现在一定很累，他们肯定什么话都不想听,那么我要怎么引起他们的注意呢?于是,我又看了看他们的表情,一瞬间,我感觉自己更紧张了,手心里出了一层汗。终于他们叫到我的名字,我的心跳声大得自己都能听到,我只好用颤抖的声音介绍自己:"您好!我是朴贤爱……"

在介绍自己的时候,我一直在察言观色,但他们都只顾着低头给我评分,看都不看我一眼。过了一会儿,有一个面试官头也不抬地问我:"你为什么想进我们公司工作?"

"2000年,你们公司生产的新型耳机面世,它完全改变了我对耳机的认识,我完全被这个产品迷住了。从那时起,到你们公司工作就成了我的梦想。"

这位面试官终于抬起头,看了看我,又说:"你也知道,像你这样的毕业生真的太多了,你有没有别的求职者所不具备的能力?"

听了他的话,我有点儿难过:他不相信我说的话,他一点儿都不愿意了解别人的想法,我不愿意跟这样的人一起工作。但是能进入这样的大公司工作的机会非常难得,而且我已经毕业了,不再是学生,不能再依靠父

第二十课　心理描写
Lesson Twenty

母了，我非常需要这份工作。

于是我想了想，开口回答："公司现在的产品功能已经相当完美了，几乎无人能及，但是产品的外形设计比别的公司要差一点儿。这个问题公司应该也意识到了。我在本科学的是美术设计专业，研究生学的是创意设计专业，我有信心把贵公司的产品外形设计成行业内最好的。"

这时，另外两个面试官抬起头看着我。我心想："现在，面试才算真正开始。"

二、说一说

今天我们学习写人记叙文中"心理描写"的方法，请大家回答下面的问题。

1. 用下划线画出文章中描写"我"的心理活动的三段话。

2. 这三段话之前分别用哪些形容词或动词来表示这是心理描写？

3. "我"的心理在面试过程中发生了什么变化?

三、写一写

1. 下面的描写体现了哪一种心理?请选择合适的词填到括号里。

> 犹豫　着急　嫉妒　后悔　遗憾　埋怨　激动　惊讶

（1）我为什么不早一点儿起床?再早一分钟就能赶上公共汽车了!　　　　　　　　　　　　　　　（　　）

（2）这两个人谈恋爱了?不会吧?　　　　　（　　）

（3）我真的好喜欢这条裙子,就是没有适合我的尺码。
　　　　　　　　　　　　　　　　　　　　（　　）

（4）他看起来有点儿难过,我要不要去安慰一下他呢?可是万一别人笑话我怎么办呢?　　　　　　　（　　）

（5）他懂什么呀?刚进公司一个月,老板就那么看重他,真是莫名其妙!　　　　　　　　　　　　　（　　）

（6）天哪!我真的考过了HSK六级!　　　（　　）

（7）赶紧接电话啊!快来不及了!　　　　　（　　）

（8）都怪他给我吃的那块儿雪糕,我的肚子痛了整整一天。　　　　　　　　　　　　　　　　　　（　　）

第二十课 心理描写
Lesson Twenty

2. 根据提示，补充"我"的心理活动。

（1）我下楼去拿快递的时候，脸上没化妆，身上穿着一件松松垮垮的旧T恤，脚上蹬着一双不合脚的大拖鞋。我拿了快递正准备上楼，这时突然有人叫住了我，我一看，竟然是我以前的男朋友。这个时候，我真想 _____

_____

_____

_____

（2）我告诉出租车司机我要去的酒店，他说了一个"嗯"字之后，车就飞快地行驶起来。但是过了四十分钟还没到目的地，我不由得想 _____

_____

_____

_____

（3）半夜三点，我的手机突然响了起来，我立刻被惊醒了，心想 _____

_____

_____

_____

（4）在公共汽车上，我看到有个男人把手伸进了一个女人的手袋里，我想 _____

3. 以第2题的四个情景为基础，选择其中一个情景进行详细的心理描写。

第二十课 心理描写
Lesson Twenty

四、读一读

课后读一读这篇文章，想一想"我"喝止小偷儿后产生的惊讶、不安、纳闷儿是一种什么心理。

小 偷

〔叙利亚〕 奥巴达

地铁上人很多,站在我旁边的男子始终焦躁地转着头,看起来心里非常不安。他个子不高,身体干瘦,眼睛很红,可能很久没有睡过觉,也可能刚刚哭过。总之,他的情况看起来并不是很好。

他前面站着一对情侣,正面对面小声而甜蜜地说着话,女生背着一个大书包。地铁快要到达下一站的时候,我身边的男子突然把手伸向那个女生的包里。我立刻大声地说:"干什么?!"车厢里所有

人都看到了他的手还在女生的书包里，没来得及收回来。刚好这时地铁到站了，门一打开，男子就赶紧跑出去，一转眼就没影儿了。女生这才意识到自己被小偷儿盯上了，连忙对我说："谢谢你！"车里所有的人都骂起那个想做坏事的小偷儿来。

可是我却有一种很奇怪的感觉。在我喝止小偷儿的时候，他看了我一眼，他的脸上惊慌失措，还流露出一种非常可怜的神情。我当时很惊讶。我没想到，一个小偷儿会这么容易让我心生同情。他看我的那一眼好像满是自责地在跟我说"抱歉"，我一下子就看出他当时心里的困窘和矛盾。

我心里有种不安的感觉。我想自己肯定做得对，当然不能眼睁睁地看着小偷儿偷别人的东西什么都不做，可是……我很纳闷儿，我想了很久也没想到"可是"的后面是什么。

第七单元 Unit 7

第二十一课
应用：感谢

一、学一学

感谢信

一一公司：

　　首先我们对贵公司的真诚合作表示衷心的感谢！

　　我们能在这么短的时间内签订合同，并顺利地完成工作，主要是由于贵公司的合作诚意。与你们合作，我们感到非常愉快。

　　请允许我代表艾美乐公司再一次向你们致以诚挚的谢意。

　　此致

敬礼！

艾美乐公司

迈克·里维斯

2019年8月1日

二、说一说

今天我们学习感谢信的写法,请大家回答下面的问题。

1. 艾美乐公司为什么要给——公司写感谢信?

2. 感谢信的开头和结尾都要表示感谢,为什么?

3. 感谢信是做什么用的?

三、写一写

1. 下面这些词语经常搭配出现在感谢信中,请你连线。

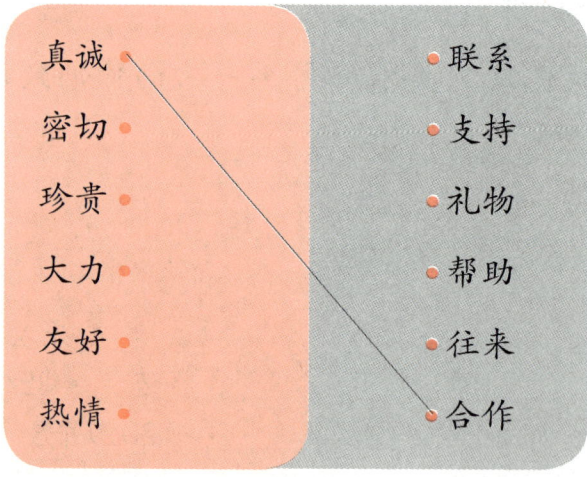

真诚　　　　联系
密切　　　　支持
珍贵　　　　礼物
大力　　　　帮助
友好　　　　往来
热情　　　　合作

第二十一课 应用：感谢
Lesson Twenty-one

2. 先写出搭配词，再模仿例句，写出表示感谢的句子。

> 例：真诚 + <u>（合作）：</u>
> <u>对贵公司的真诚合作，我们表示衷心的感谢。</u>

（1）密切 + （　　）：

_____

（2）珍贵 + （　　）：

_____

（3）大力 + （　　）：

_____

（4）热情 + （　　）：

_____

3. 给下面的句子排序。

①英国留学生 苏怡

②尊敬的李医生：

③住院期间，您和护士小姐多次在生活上帮助我。

④希望你们有机会到我的家乡来做客，我会热情接待你们。

⑤此致

⑥您好！承蒙您的精心治疗，我入院后病情很快好转，并已于本月10日顺利出院。

47

⑦为此，我向您表示衷心的感谢。

⑧敬礼！

⑨为此，我再次向您及护士们表示衷心的感谢！

⑩ 2019 年 2 月

---

4. 你代表悦宜公司到桥新公司签订合同，回国后你给桥新公司写了一封感谢信。

提示：

（1）感谢对方的真诚合作，使你们很快地签订了合同。

（2）感谢对方安排你到下属产业园参观、调研，使你加深了对桥新公司的了解。

第二十一课　应用：感谢
Lesson Twenty-one

第二十一课　应用：感谢
Lesson Twenty-one

四、读一读

课后读一读这封感谢信，想一想这封感谢信的语言风格与范文相比，有什么不同。

感谢信

敬爱的张老师：

　　您好！这个月初我已经回国了。在中国留学期间，感谢您的热情帮助，使我顺利地完成了大学本科四年的学习。为此，我要向您表示衷心的感谢！

　　我在中国留学期间，您除了在学习上给了我很大的帮助以外，还在生活上给予我无微不至的关心。特别是您和师母常常邀请我到家里做客，带我领略中国的风土人情。为此，我再次向您和师母表示衷心的感谢！

　　希望你们以后有机会到我的国家来。

　　此致

敬礼！

您的学生　陈美丽

2018 年 12 月 1 日

Unit 8
第八单元

第二十二课
场面描写

一、学一学

生日聚会

〔日本〕山本大志

　　上个星期六，为了庆祝朋友的生日，我们去餐厅吃饭。我们去的是体育西路附近的美式餐厅，里面很热闹，人很多，显得比较拥挤。等了一会儿，我们才等到位子。餐厅里面比较暗，正播放着美国的乡村音乐。里面也有

第二十二课　场面描写
Lesson Twenty-two

台球和投镖，餐厅的中心还有一个舞台。我突然感觉我好像不是在中国，而是在美国。

我们五个朋友坐下后点了一些菜和三瓶啤酒。这时已经七点半了，我的肚子早已不停地咕咕叫了。菜和啤酒刚端上来，我们就开始大口吃起来。因为大家等的时间有点儿长，菜很快就被吃光了，啤酒也一点儿都没剩。吃饱了以后，我们都感觉很舒服、很放松，又点了各种各样的饮料，大家一边聊天儿，一边喝东西。这时，舞台上的表演开始了。只见三个欧美人，一个弹吉他，一个弹电子琴，还有一个在打鼓。我和一个女生一起走到舞台旁边看他们的表演，只见她不停地喊："哇噢！好帅！加油！"她看得太投入了，似乎没有看到旁边的我。

吃完饭以后，我们开始进入送礼物的环节了。有两个女生的出生日期挨得很近，所以我们一起为她们庆祝。虽然我也快要过生日了，但是还有一个多星期。这时，万万没想到的是，一个朋友突然拿出来一个盒子。原来他们也给我准备礼物了，还附上了一封信。我根本没想到他们会为我准备礼物。这是我第一次在国外过生日，我本来以为会一个人静悄悄地过，没想到朋友们都记着我的生日。我很感动，眼睛都湿润了。为了掩饰，我说："蜡烛熏到了我的眼睛。"但是他们都知道我是真的流泪了。

二、说一说

今天我们学习"场面描写"，范文描写的是一次生日聚会。请大家回答下面的问题。

1. 这篇范文写了一件什么事？

2. 这件事发生在什么时间？什么地点？有哪些人参加？

3. 这家餐厅的环境怎么样？

4. 吃饭的时候，大家吃得怎么样？

5. 看表演的时候，那个女生的表现怎么样？

6. "我"收到礼物的心情是怎样的？收到礼物后"我"有哪些表现？"我"说了什么？

7. 这个晚上的气氛怎么样？

第二十二课 场面描写
Lesson Twenty-two

三、写一写

1. 写出下面句子描写的是什么场面，有什么气氛。

> **例：** 每天晚上都有很多人在江边认真地做运动，其中有一些老奶奶聚集成一个圆圈，随着音箱中反复播放的几首歌曲，欢快地跳着缓慢而又整齐的舞蹈。
> （跳广场舞）（欢快）

（1）小区中心广场的树荫下坐满了人。有的三三两两地坐在一起，一边扇扇子，一边聊天儿；有的靠在摇椅上昏昏欲睡；有的在吃着西瓜解暑。大家都很舒适。（　　　）（　　　）

（2）音乐声响起，门打开了，新娘穿着白色婚纱，挽着她的父亲一起走出来，大家的目光一起追随着她，现场非常浪漫。
（　　　）（　　　）

（3）"飞往雅加达的航班CZ1230的乘客现在请登机！"听到广播声，同学们都依依不舍地和即将回国的林德良同学拥抱、告别。（　　　）（　　　）

（4）发令枪一响，运动员们像离弦的箭一样冲出起跑线，观众席上激动的呐喊声此起彼伏。（　　　）（　　　）

2. 场面描写中不仅要描写出大部分人在做什么，也应找出一两个有代表性的人物进行重点描写，以让读者体会当时的气氛。请你根据第1题的句子，试着重点描写其中一个有代表性的人物。

> **例：** 每天晚上都有很多人在江边认真地做运动，其中有一些老奶奶聚集成一个圆圈，随着音箱中反复播放的几首歌曲，欢快地跳着缓慢而又整齐的舞蹈。<u>其中有一位老奶奶，她脸上一点儿笑容也没有，显得非常严肃，她似乎怕跳错了，一直在努力地记动作。</u>

（1）小区中心广场的树荫下坐满了人。有的三三两两地坐在一起一边扇扇子，一边聊天儿；有的靠在摇椅上昏昏欲睡；有的在吃着西瓜解暑。大家都很舒适。其中有个人＿＿＿＿＿＿＿
＿＿＿＿＿＿＿＿＿＿＿＿＿＿＿＿＿＿＿＿＿＿＿＿＿＿＿＿＿＿＿＿＿
＿＿＿＿＿＿＿＿＿＿＿＿＿＿＿＿＿＿＿＿＿＿＿＿＿＿＿＿＿＿＿＿＿

（2）音乐声响起，门打开了，新娘穿着白色婚纱，挽着她的父亲一起走出来，大家的目光一起追随着她，现场非常浪漫。其中有个客人＿＿＿＿＿＿＿＿＿＿＿＿＿＿＿＿＿＿＿＿＿＿＿＿＿
＿＿＿＿＿＿＿＿＿＿＿＿＿＿＿＿＿＿＿＿＿＿＿＿＿＿＿＿＿＿＿＿＿
＿＿＿＿＿＿＿＿＿＿＿＿＿＿＿＿＿＿＿＿＿＿＿＿＿＿＿＿＿＿＿＿＿

（3）"飞往雅加达的航班CZ1230的乘客现在请登机！"听到广播声，同学们都依依不舍地和即将回国的林德良同学拥抱、告

第二十二课 场面描写
Lesson Twenty-two

别。其中有个同学 _____
_____
_____
_____

（4）发令枪一响，运动员们像离弦的箭一样冲出起跑线，观众席上激动的呐喊声此起彼伏。其中有个观众 _____
_____
_____
_____

3.选择一个节日（如中秋节、春节、圣诞节）、活动（如送别、比赛、春游）或仪式（如婚礼、毕业典礼、生日晚会）等你熟悉的场面，写一篇关于场面描写的文章。注意点面结合，写出这个场面所独有的气氛。

第二十二课　场面描写
Lesson Twenty-two

四、读一读

课后读一读这篇文章,说一说描写的是什么场面,重点描写的是哪一个人物,主要气氛是什么样的。

那一年

〔印度尼西亚〕 洪琳瑶

一听到爷爷去世的消息,我就预订了回家乡的机票。当我回到家打开门时,我能感受到每个人都在用同情的目光注视着我。大厅里有很多人,家人、朋友、邻居,还有一些陌生的面孔。他们有的站着,有的坐着,从头到脚都穿着白色的衣服。他们忧郁的眼睛全都湿润了,像沾上了露珠一样,一种非常压抑的气氛笼罩着我。

我双膝跪地,眼泪不受控制地从脸上落下。当我爬到爷爷身边时,我向他深深地鞠了三次躬。当我

第二十二课 场面描写
Lesson Twenty-two

第三次鞠躬时,我听到了奶奶的哭泣声。那时候,我异常心痛,我感觉自己的心被揪扯得支离破碎。

在我以往的生命里,几乎从未遇到过如此悲伤的事情。那一年的那一天,我第一次感受到了什么是痛彻心扉。

Unit 8 第八单元

第二十三课 写一个人

一、学一学

我最亲爱的中国朋友

〔韩国〕 裴今珠

　　我喜欢喝咖啡。我家附近有一个咖啡厅,叫"星晴"。因为那里的咖啡好喝,服务员也都非常亲切,所以我每天早上都去喝咖啡。咖啡厅里有一个可爱的服务员常常为我服务,她叫小美。

第二十三课　写一个人

　　她每天都穿着黑色的"星晴"T恤。她的脸圆圆的，戴着一副眼镜，黑色的镜架让她的皮肤显得很白，她看起来就像一只可爱的小熊猫。她热情地为每一位顾客服务，脸上总是挂着微笑，她的微笑让人感觉到平静和快乐。

　　她非常喜欢我的女儿，我的女儿也喜欢她，叫她姨妈。我觉得她就像是我的妹妹。有一次我和女儿去咖啡厅，小美和其他服务员一起端着一个圆形的芝士蛋糕，上面插着蜡烛。看到我们进来，他们笑着大声说："祝恩雅生日快乐！"我很感动，因为那时候我在中国，认识的朋友不多，小美却记住了我女儿的生日。从那以后，每当我和家人过生日，小美都会送芝士蛋糕给我们，这给了我们亲人般的温暖。

　　她也很喜欢看韩国电视剧。店里人少的时候，她喜欢跟我谈论韩国文化。她比其他中国人更了解韩国。她对韩语也有很大的兴趣，每天自学韩语。我也常常教她韩语生词。跟她在一起，我感受到中国的年轻人认真学习的劲头，这种劲头也鼓励着我珍惜来中国的机会，使我更加努力地学习汉语。

她是我的好朋友、好妹妹。因为每天跟她在咖啡厅见面、聊天儿，使我感觉到，陌生的中国，正在迅速熟悉而亲切起来。

二、说一说

在学习了肖像描写、动作描写、语言描写、心理描写、场面描写之后，我们今天要综合运用这些"写人"记叙文的知识和能力，来描写一个人。读完上面的范文，请回答下面的问题。

1. 小美是谁？

2. 小美的长相如何？

3. 小美给"我"留下了哪些深刻印象？

4. "我"举了什么例子来说明她的特点？

5. 小美对"我"来说，是一个怎样的人？

8 第二十三课 写一个人
Lesson Twenty-three

三、写一写

1. 下面是对两个性格完全不同的人的描写，请区分出哪些材料是描写"老师"的，哪些材料是描写"大哥"的，并按成文的先后顺序排列。

①我第一次见到他时，他坐在教室的第一排，我以为他是我的同班同学。

②他长着一张圆圆的脸，脸上戴着一个黑框眼镜，看起来非常年轻。

③因为他的成熟和平静，我很敬佩他。

④他的性格很沉稳，看起来成熟而又平静。

⑤他写的作文很好，老师常常拿他的作文在班上宣读。但他的表情并不骄傲，他边听老师读边慢慢地喝咖啡，像是在思考着什么。

⑥等到上课铃响起来时，他走上讲台说："大家好！我们开始上课了。"我这才知道，他是我们的老师，刚刚博士毕业，才比我们大五六岁。

⑦他是我到中国后遇到的第一位汉语老师。

⑧他喜欢喝咖啡，常常带着一个大咖啡杯来上课。下课时教室里很吵闹，而他所在的那个角落，却奇异地散发出一种宁静的咖啡厅的氛围。

⑨他是我们班的"大哥"，他的年龄是我们班最大的，脸上

有一些络腮胡。

⑩因为年龄相近，我们下了课常常和老师一起去食堂吃饭，去球场打球，互相开玩笑，度过了非常难忘的留学第一年。

写"老师"的材料：（　）（　）（　）（　）（　）

写"大哥"的材料：（　）（　）（　）（　）（　）

2. 在描写一个人的特点时，可以举例进行说明，让读者对这个人有更加具体的印象。阅读下面的例子，总结出描写对象的特点。

（1）有一次，他把小木片塞进爸爸办公室的门锁里，第二天，爸爸试了很多方法，怎么也打不开办公室的门，最后只能找人来换锁。　　　　　　　　　　　　　　　　（　　　　）

（2）有一次，我生病了没去上学，后来找她借课堂笔记，这才明白她为什么总能考第一。她的笔记抄得非常工整，内容不多，却全是要点。我相信，只有真正认真听讲并且听懂了的人，才能做出这么高质量的笔记。　　　　　　　（　　　　）

（3）我敲开他家的门问他："有没有有意思的书可以借我看一下？"他还没说完"有"，就不见了。一分钟后他抱出来一大堆书，说："这些都是，你拿去看吧。"　　　　　　（　　　　）

（4）去她那里买菜，她经常主动送一把小葱或一头蒜给你。结果，买的人不好意思，也念着她的情，下次买菜还会去找她。
　　　　　　　　　　　　　　　　　　　　　（　　　　）

第二十三课 写一个人
Lesson Twenty-three

（5）我让她回答问题，只见她扭扭捏捏地从椅子上站起来，调了调眼镜，清了清喉咙，刚准备发言，结果眼睛一跟我对视，脸就红到了脖子根儿。（　　　　）

3. 按照下面的思路，写一个你熟悉的同学、朋友或亲人。

第一段：他／她是谁→他／她的样子

第二段：他／她的特点一→举例说明这个特点

第三段：他／她的特点二→简单介绍这个特点

第四段：他／她是一个什么样的人

汉语基础写作 下
HANYU JICHU XIEZUO (XIA)

第二十三课 写一个人
Lesson Twenty-three

四、读一读

课后读一读这篇文章,并为文章加一个标题。

方亦知

我有两个表妹,她们是双胞胎,她们的名字叫有有和米米,大家经常合着叫她们"有米"。我们平时不生活在同一个城市,但每年的暑假寒假我们都会在一起住一段时间。现在"有米"已经3岁了,比刚出生时有趣多了。她们学会了说话,学会了自己吃饭,想睡觉的时候也不再用哭闹来表示了。

虽然她们是双胞胎,但在我看来,她们不仅性格完全不同,长相也不同。

第二十三课 写一个人
Lesson Twenty-three

有有长着小眼睛、小鼻子和小嘴巴，和我长得非常像。出去玩儿的时候，别人还以为我们两个是亲姐妹呢！我和有有的性格特点也是一个模子刻出来的——自信、倔强、爱读书、霸道，还有一点儿懒……总之，我俩非常像，给别人的感觉是"辣妹子"。米米就不一样啦。她有一双迷人的大眼睛和一张大大的嘴巴。她随和、乖巧、大方、脾气好，特别愿意帮助大人干活儿，给别人的感觉是个"甜姐儿"。

当然，我与有有也有不同的地方，和米米也有相同点。我画画儿好，米米画画儿也好。我和米米都很爱笑，有有则更酷一点儿。

如果要找我们三姐妹的共同点，那就是：我们三个都是"大吃货"！我们三个在一起，可以从早到晚一直吃个不停，水果、糖果、糕点……就没有我们三个不喜欢吃的。我们三姐妹的理想是：一起吃遍全世界！

猜猜"有米"我更喜欢谁？按"有米"的话来说，我的回答是——不知道！因为她们俩我都喜欢，手心手背都是肉嘛！

Unit 8 第八单元

第二十四课
应用:欢迎

一、学一学

在公司招待会上的欢迎词

各位领导、各位嘉宾,女士们、先生们:

我代表中盛公司,并以我个人的名义,对各位的光临表示热烈的欢迎。在新年前夕,我们在这里共同庆祝中盛公司一年来所取得的优异成绩。感谢各位对我们公司一直以来的支持与帮助。

祝各位身体健康,生活愉快!

现在我提议:

为我们真挚的友谊,为我们合作愉快,干杯!

第二十四课　应用：欢迎
Lesson Twenty-four

二、说一说

今天我们开始学习欢迎词的写法，请大家回答下面的问题。

1. 欢迎词的标题需要读出来吗？

2. "我代表中盛公司，并以我个人的名义"，这句话是什么意思？

3. 欢迎词右下方为什么不需要写出姓名和日期？

4. 欢迎词用于什么场合，有什么作用？

三、写一写

1. 欢迎词要根据场合的不同、来宾的不同使用不同的称呼语，请根据下列场合写出相应的称呼语。

例：公司新年宴会：各位领导、各位嘉宾

（1）学校毕业晚会：_____
（2）生日晚会：_____
（3）婚礼：_____

2. 用范文中的词语搭配。

例：（个人）的名义

（1）（　　）光临

（2）（　　）的节日气氛

（3）（　　）的成绩

（4）（　　）的友谊

（5）（　　）的合作

3. 下周是学校的新年晚会，请你帮助校长写一封欢迎词。

主要内容：

（1）感谢老师们和同学们的光临。

（2）感谢老师们过去一年的辛勤工作，表扬同学们过去一年的努力学习。

（3）祝愿新的一年，老师们在教学科研等方面取得更好的成绩，祝愿同学们学习更上一层楼。

第二十四课 应用：欢迎
Lesson Twenty-four

汉语基础写作 下
HANYU JICHU XIEZUO (XIA)

第二十四课 应用：欢迎
Lesson Twenty-four

四、读一读

课后读一读这篇父亲在女儿婚礼上的致辞，想一想这个致辞和本文的欢迎词有什么异同之处。

在女儿婚礼上的致辞

各位来宾：

大家好！

今天是我女儿王小月与女婿张大伟喜结良缘的大喜日子，承蒙各位来宾远道而来，在此我代表我们全家向大家表示最热烈的欢迎和衷心的感谢！

王小月与张大伟通过相识、相知、相恋、相爱，到今天结为夫妻，我们身为父母感到十分高兴。（握住新人的手）从今以后，你们要互敬、互爱、互谅、互助，用自己的聪明才智和勤劳双手去创造美好的未来。祝你们新婚快乐、早生贵子、百年好合、幸福美满！

最后，祝来宾们身体健康、万事如意。谢谢大家！

Unit 9 第九单元

第二十五课
抓住特点

一、学一学

紫色薰衣草

〔印度尼西亚〕冯钲凯

你知道薰衣草吗？那是一种很漂亮的花儿。它有几种不同的颜色，大部分是紫色。但是它的颜色不是一般

第二十五课 抓住特点
Lesson Twenty-five

的紫色，是有一点儿蓝色的紫，也有人说是淡紫色。如果你去爬山，一路上都是绿色的草木，突然之间看到很多紫色的薰衣草，就会发现这种紫色非常引人注目。

薰衣草的叶子又长又窄，它们不是一棵一棵单独生长的，而是一大片一大片地生长在一起。如果你想去看薰衣草，晴朗的夏天是最好的季节。蓝蓝的天，白白的云，绿油油的草和一大片紫色的薰衣草，搭配在一起就是最美丽的夏季景色。

薰衣草有一种特别的香味，可以用来制作香水。从很远的地方你就可以闻到薰衣草的香味。蚊子不喜欢这种香味，所以你去看薰衣草的时候不用怕蚊子咬你。但是要小心蜜蜂，因为薰衣草有很多花蜜，吸引着很多蜜蜂前来采蜜。

如果有一点儿风，你便可以想象，风好像音乐一样，让薰衣草轻轻跳起舞来，大片大片的薰衣草像一群穿着紫色服装的姑娘们整齐地摆动着上臂。那风也吹到我们脸上，让我们每个人都感到轻松和舒适，好像我们在城市中的生活、工作压力都被风吹散了。

二、说一说

今天我们开始学习写景状物的记叙文,学习如何抓住景或物的特点来进行描写。请大家回答下面的问题。

1. 这篇文章写了一种什么植物?

2. 这种植物的颜色是什么样的?

3. 这种植物的形状是什么样的?

4. 这种植物有什么味道?有什么用途?

5. 这种植物的静态是什么样的?

6. 这种植物的动态是什么样的?

7. 你喜欢这种植物吗?为什么?

第二十五课　抓住特点
Lesson Twenty-five

三、写一写

1. 描写景物的特点可以从颜色、形态、味道、声音等方面来切入。下面的句子分别是描写景物的什么特点？

（1）海浪冲上了海滩，如同发出了一阵阵"哗啦啦"的笑声。
（　　　　）

（2）茉莉花刚刚绽放时，散发出一种淡淡的清香，微风吹来，这纯净的清香慢慢地在空气中弥漫开来。（　　　　）

（3）雏菊的花蕊是黄色的，花瓣是白色的，黄色的花蕊被白色的花瓣包裹着，就像黄澄澄的太阳被白云环抱着。（　　　　）

（4）紫荆花的叶子，像一颗颗绿色的心在风中跳动，又像一只只长着椭圆形翅膀的绿蝴蝶在花中飞舞。（　　　　）

2. 描写景物的特点还可以从静态、动态等方面来进行。下面的句子分别描写的是景物的静态还是动态？

（1）海浪冲上了海滩，如同发出了一阵阵"哗啦啦"的笑声。
（　　　　）

（2）茉莉花刚刚绽放时，散发出一种淡淡的清香，微风吹来，这纯净的清香慢慢地在空气中弥漫开来。（　　　　）

（3）雏菊的花蕊是黄色的，花瓣是白色的，黄色的花蕊被白色的花瓣包裹着，就像黄澄澄的太阳被白云环抱着。
（　　　　）

（4）紫荆花的叶子，像一颗颗绿色的心在风中跳动，又像一只只长着椭圆形翅膀的绿蝴蝶在花中飞舞。（　　　）

3. 天空中的日月星辰，陆地上的花草树木，哪一个是你最喜欢的景物？试着用下面这张图表描写出它的相关特点。

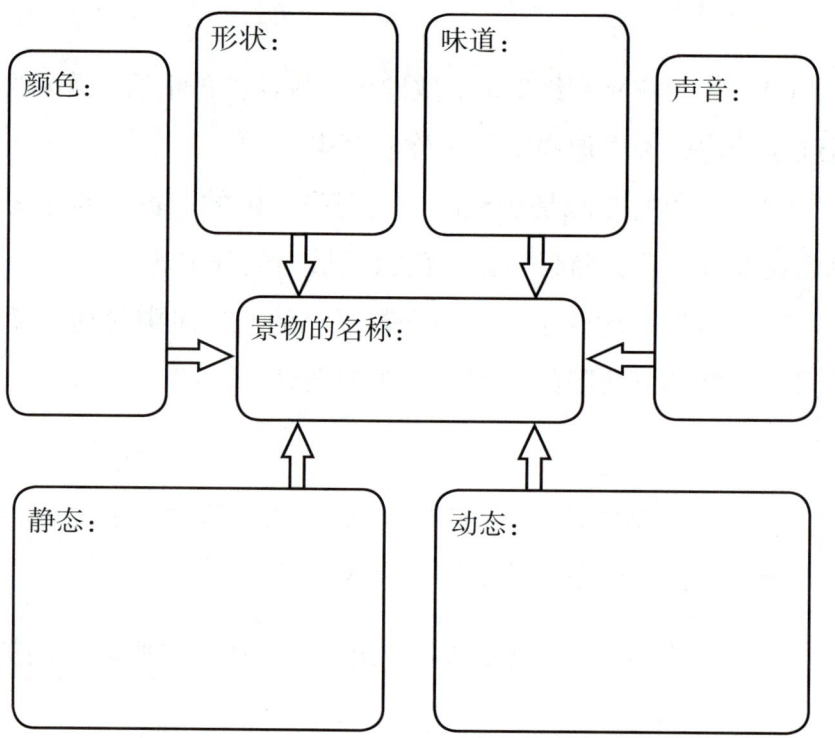

第二十五课　抓住特点
Lesson Twenty-five

4. 根据上一题填写的内容，模仿范文，写一篇写景状物的记叙文。

四、读一读

课后读一读这篇文章,找出日出这一景色的特点。

日　出

〔韩国〕 金允姬

　　我和我丈夫刚结婚的时候,他一直想去韩国的东海看日出。我无法理解他,因为在电视和网络上,我们很容易就能看到非常美丽壮观的日出,我认为这样的景色不需要到实地去观赏。但是最后,我被他说服了。为了看真正的日出,年末的一天晚上,我们开车去了东海,那里有一个看日出非常有名的地方。

　　我们天亮前就到了。海上黑黑的，什么都看不见，只能听见冷冷清清的海浪声，感受着像刀割似的寒风带来咸咸的海水味儿。此时，好像只有我们两个人站在茫茫宇宙中的一个小角落。因为太冷了，我们两个人只好紧紧地抱在一起，静待日出。

　　过了一会儿，只见遥远的海面上，几条金红色的明亮的光线慢慢地浮现，好像在跟我们温柔地打招呼。太阳从海平线下面慢慢地钻出来，渐渐地，露出了圆圆的、金黄色的半张脸。

　　随着太阳的升起，整个世界都明亮了。阳光一下子把黑色的世界变成了金黄色！一切一切都安静极了，寒冷和黑暗变成了温暖和光明。太阳照着我们的脸，我们什么话都说不出，只觉得心中充满了激动。我甚至不能相信我们一直站在原地。呼吸的时候，我们感觉刚才消耗掉的精力又重新恢复了，好像不管事情多困难，我们都能重新开始，这种感觉是我永远难以忘记的。这时，我才理解了丈夫一直想来看日出的想法。

Unit 9 第九单元

第二十六课
展开联想

一、学一学

公主火山

〔毛里求斯〕 侯凤婷

　　一般火山的颜色应该是灰色的，但是这座公主火山是深绿色的，因为它身上长满了树和草。

　　远远地第一眼望去，公主火山那深绿色的山顶上冒着缕缕白烟，让人想到一个抹茶冰激凌刚从冰箱里取出的样子。

假如你走到山脚下抬头看，她又像一位仪态端庄的公主穿着深绿色的大裙摆礼服屹立于蓝天之下，白云像一条巨大的披肩搭在她的肩膀上。

她周围的树和草都是她的警卫，小鸟们则像她的朋友一样围绕在她身边。她总是温柔、安静地对待身边的人或物。但事实上，大家都很害怕她生气。因为她一生气就会发脾气，引起火山爆发，这样大家都会遭殃，所以平常大家都不敢惹她。

二、说一说

今天我们开始学习写景状物记叙文中"展开联想"的写法，请大家回答下面的问题。

1. 作者先由火山的样子联想到什么？

2. 接着又由火山的样子联想到什么？

3. 作者从白云联想到什么？

4. 作者从树和草联想到什么？

5. 作者从小鸟联想到什么？

6. 作者从火山爆发联想到什么？

7. 你理解什么是"联想"了吗？

三、写一写

1. 看下面的文字，说说由这些景物你联想到什么。

例：由"鲜红的玫瑰"联想到 __爱情__

（1）由"平静的大海"联想到 _____
（2）由"春天的小雨"联想到 _____
（3）由"炎热的夏天"联想到 _____
（4）由"绿色的草地"联想到 _____
（5）由"热气腾腾的咖啡"联想到 _____

2. 看下面的图片，说说由这些景物你联想到什么。

例：由 稻谷 联想到 金黄的项链

（1）由 _____ 联想到 _____

第二十六课　展开联想
Lesson Twenty-six

（2）由 _____ 联想到 _____

（3）由 _____ 联想到 _____

（4）由 _____ 联想到 _____

（5）由 _____ 联想到 _____

3. 读一读下面的句子，展开联想，续写成一段话。

（1）窗外的小雨滴滴答答地下个不停，我突然想起 _____
_____
_____
_____

（2）秋天是一年之中最好的季节，因为 _____
_____
_____
_____

第二十六课 展开联想
Lesson Twenty-six

四、读一读

课后读一读这篇文章,看看哪些地方是对景物特点的描写,哪些地方是作者对景物产生的联想。

闪 电

〔印度尼西亚〕 江欣霓

早上起床时,天空还挺明亮的,但过了一会儿,窗外的天色一下子变得灰暗起来。突然一条白色的线从云上劈下来。闪电来了!每一次闪电,天空就闪现出深蓝色。闪电越来越多,有时甚至同时出现几道闪电。闪电的大小都是不一样的,有长的,有短的，形状也不完全一样，但大都是之字形的。闪电每次出现时，就像人喝醉酒后开车一样，不知道该往哪一个方向开。闪电的速度也快极了，比飞机的速度还要快得多。闪电每次出现都会伴随着轰隆隆的雷声。那种大风大雨就要来临的压力感，让我想起小时候自己考试考得不好，却要拿成绩单去请父母签名的心情。

Unit 9 第九单元

第二十七课
应用：简历

一、学一学

简　历

卓洪健	男	1993年出生于印度尼西亚雅加达。
2011年毕业于印度尼西亚UPH COLLEGE，获得高中文凭。 2011年—2015年就读于SWISS GERMAN大学电子工程专业，获得工学学士学位。 2015年—2016年在华为公司印尼分公司工作，从事技术开发工作。 2017年至今在暨南大学华文学院汉语系学习汉语。		
汉语通过HSK六级考试，具有印尼语、英语的听、说、读、写能力。		

二、说一说

今天我们开始学习简历的写法，看完范文后，回答下面的问题。

1. 猜一猜"文凭"和"学位"的意思。

2. 猜一猜"至今"的意思。

3. 用自己的话介绍一下"卓洪健"的基本情况。

4. 说一说"简历"是做什么用的，简历一般包括哪些方面的内容。

三、写一写

1. 下面是一些简历中常见的动词。请你为它们填写出相应的名词。

例：获得 __学位__

（1）从事 _____

（2）通过 _____

（3）学习 _____

（4）精通 _____

（5）具有 _____

2. 用括号里的词语改写句子。

> **例：** 2016年他从南京大学毕业了。（毕业于）
> <u>2016年他毕业于南京大学</u>。

（1）2015年到2017年他在中国留学。（至）

_____

（2）大卫能用中文翻译英文。（具有……的能力）

_____

（3）我1995年在美国纽约出生。（出生于）

_____

（4）小王的英语、法语、西班牙语都很好。（精通）

_____

（5）池田2013年到2017年在日本东京大学读书。（就读于）

_____

3. 按照自己的真实情况，写一份个人简历。

Lesson Twenty-eight

四、读一读

课后读一读下面这份简历，指出其中的错误并修改过来。

李红花的简历

我是女生，1990年出生的。

2008年我高中毕业了，上了韩国首尔大学。2012年我大学毕业了，开始在LG公司市场营销部工作。2017年公司派我来中国工作，我来了。这一年到现在也开始在北京大学学汉语了。

　　我现在的情况是会说韩语、英语、汉语。谢谢！

修改如下：

Unit 10 第十单元

第二十八课 写一篇游记

一、学一学

梯 田

〔韩国〕梁又仁

远处的那座山跟一般的山有点儿不同，它的样子好像是一块儿巨大的绿茶雪糕即将融化似的。我们乘坐的巴士越接近它，它的样子就越清楚。慢慢地，在春雨的洗礼下，我们终于到达了旅行的目的地——龙脊梯田。

"梯田"是农民们用土坡上的土地改造成的田地，因为从山下到山顶，一层层的田地就像楼梯似的，所以人们把它叫作"梯田"。对我们外地人来说，那个地方又好玩儿又美丽，可是，到底是多少人、花了多长时间、多么努力才能把山坡改造成现在的样子，我很难想象。

到了山中，深深地呼吸一口新鲜的空气，我觉得身心世界里所有的东西一下子都清理得干干净净了。我们一边听着导游的介绍，一边欣赏着梯田里大片大片已经长出来的小水稻苗，一步一步往上爬，不知不觉就爬到了山顶。只见山顶被一片雨雾包围着，让人感觉很神奇，我们仿佛是在天空中的云朵里散步似的。

太阳突然出来，雾很快就消散了。周围的风景一下子变得如此清晰，呈现在我眼前的是绿油油的梯田铺满了整个山坡的壮观景象。瞬间，我仿佛看到了秋天时梯田的样子——那绿油油的稻田会变成金黄色的海洋。对农民来说，那是丰收的喜悦！

习惯城市生活的我，也许永远无法了解当地农民对梯田的感受，可是直到今天，当我回忆起当时美丽的风景，我的身心仍能得到一些放松。偶尔我会把那天拍的照片重新找出来翻看，好像仍能感受到山中那湿润清新的空气一样。那种感觉美妙极了！

二、说一说

今天我们开始学习写景记叙文中"游记"的写法，请大家回答下面的问题。

1. 上面这篇文章描写了哪一个地方的景色？

2. 这个地方的景色是怎么形成的？

3. 作者想起这个地方时有什么感受？

4. 请你口头描述一下山中的景色。

5. 看完这篇文章，你能猜出"游记"的意思吗？

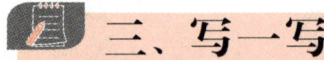三、写一写

1. 写游记时要注意游览的顺序,请你根据上面的范文,拟写出一个游踪图。

游览的顺序	景色的特点
从巴士上看到龙脊梯田的远景	看到:那座山跟一般的山有点儿不同,好像是_____。
介绍梯田是怎么形成的	联想到:梯田是多少人、花了多长时间、多么努力才能把山坡改造成现在的这样子,我_____。
从山下爬到山顶	呼吸到:_____。 听到:导游的介绍。 看到:梯田里_____。 感觉到:_____。
在山顶	看到:雾消散了,绿油油的梯田_____。 联想到:到了秋天,_____。
旅途结束后	这一次旅行给作者带来的感觉:_____。

第二十八课　写一篇游记
Lesson Twenty-eight

2. 介绍一个你常去的地方，那里有什么景点，按照游览的顺序填到下面的表格中。

按照游览的顺序	你看到的风景	你的联想
景点一		
景点二		
景点三		

3. 根据上面的表格，按照游览顺序介绍这个地方，写成一篇游记。

汉语基础写作 下
HANYU JICHU XIEZUO (XIA)

第二十八课　写一篇游记
Lesson Twenty-eight

四、读一读

课后读一读这篇文章,指出文章的游览顺序。

公 园

我家附近有一个公园。

一进公园,首先看到的是一个花圃,这里有一大片五颜六色的花朵,如同一只只美丽活泼的蝴蝶。

顺着石子铺成的小路,你可以走到小湖边。只见一座银白色的小桥横跨在湖面上,湖水中有许多可爱的鱼儿在水中欢乐地游来游去。

第二十八课　写一篇游记
Lesson Twenty-eight

　　通过小桥,你就来到了湖心小岛上。小岛上种着很多树,还有一大片绿油油的草地。站在草地上,你可以看到湖面上的游船悠闲地划来划去。

　　离开小岛,就到了公园的最后一个景点:鸽子广场。广场上有几百只白色的鸽子,它们一点儿都不怕人,会随时飞到你身旁,跟你近距离接触。

　　因为有花有草、有鱼有鸟,这个美丽的公园是附近居民最喜欢来游玩的地方。

Unit 10 第十单元

第二十九课 标点符号

一、学一学

(一) 逗号 (,)

(1) 秋天来了,天气凉了。

(2) 走吧,迟了就来不及了。

(表示句子或语段内部的一般性停顿)

(二) 句号 (。)

(1) 下周一我要回总公司开会。

(2) 他把东西都收拾好了。

(用于句子末尾,主要表示句子的陈述语气)

(三) 冒号 (:)

(1) 他对我说:"不要紧张。"

(用于总说性或提示性词语如"说""想""例如"等之后,表示提示下文)

(2)展览会时间:2018 年 4 月 5 日—5 月 4 日。
(用在需要说明的词语之后,表示注释和说明)

(3)亲爱的爸爸:

　　　你好!

　　……

(用于书信、讲话稿中称谓语或称呼语之后)

(四)顿号(、)

(1)我一到中国就游览了广州、上海和北京。
(表示语段中并列词语之间的停顿)

(2)想去旅游时要先问自己三个问题:一、去哪里?二、怎么去?三、住哪里?
(用于汉字数字的序次语之后)

(五)叹号(!)

(1)图书馆里多么安静啊!
(用于句末,表示感叹语气)

(2)快走!
(用于句末,表示强烈的祈使语气)

（3）我怎么比得上他呀！

（用于句末，表示强烈的反问语气）

（六）书名号（《 》）

（1）《红楼梦》是中国四大名著之一。

（2）《汉语基础写作》是我校汉语系本科生的必修课教材。

（标示语段中出现的各种作品的名称）

（七）分号（；）

（1）如果你想去，你就去；如果你觉得麻烦，你就待在家里。

（2）上课时，同学们都会认真听讲；下课后，同学们也会认真复习。

（主要表示复句内部并列关系分句之间的停顿）

（八）问号（？）

（1）这本书多少钱？

（2）难道你不知道他是我男朋友吗？

（用于句末，主要表示句子的疑问语气）

第二十九课　标点符号
Lesson Twenty-nine

（九）双引号（""）

（1）王老师面带微笑地对大家说："今天我们来做一个有趣的实验。"

（标示语段中直接引用的内容）

（2）他不仅会说汉语，而且很了解中国文化，我们叫他"中国通"。

（标示语段中需要特别指出的成分）

（十）破折号（——）

（1）杰克——那位新来的同学，汉语说得好极了。

（标示注释内容或补充说明）

（2）"今天好热啊——你什么时候来的？"他一脸意外地问。

（标示话题的转换）

（3）他听到身后"啊——"的一声大叫。

（标示声音的延长）

二、说一说

我们已经系统学习了汉语中常用的一些标点符号,请回答下面问题。

1. 逗号和顿号的作用有什么不同?

2. 冒号的三个作用有哪些相似的地方?

3. 分号和句号的作用有什么不同?

4. 破折号和冒号的作用有哪些相似的地方?

三、写一写

1. 下面这句话的后面能填入哪些标点符号?写一写,并说出这句话相应的意思。

(1)你来了□

这句话的意思是:

_____

(2)你来了□

这句话的意思是:

_____

第二十九课　标点符号
Lesson Twenty-nine

（3）你来了□

这句话的意思是：

_____

（4）你来了□

这句话的意思是：

_____

2. 在空格中填写合适的标点符号。

（1）他对我大叫一声□"快跑！"

（2）我们班的泰国同学很少，有两个人□我们班的韩国同学很多，有八个人。

（3）他买了好多东西，有水果□饮料□蛋糕。

（4）这儿的变化太大了□

（5）快到学校的时候□下雨了。

（6）他放下电话，高兴地说：□我被录取了！□

（7）我心里想□"这个人一定是个骗子！"

（8）有的同学喜欢□红楼梦□这本书，有的同学不喜欢。

（9）他没有手机，那我们怎么联系他呢□

（10）祝你一路顺风□

（11）我养了一只猫。我高兴，它也跟着我高兴□我难过，它也跟着我难过。

（12）对这个问题□每个人有不同的看法。

（13）□广州华苑□是一本由暨南大学华文学院的学生们主办的杂志。

（14）你来学校这么久，给家里打过电话吗□

（15）我们班有个同学会说印尼语□英语□汉语和韩语。

（16）□这么贵，我可买不起！□她心里想。

3. 在空格中填写合适的标点符号。

（1）我看了今天的□中国日报□□知道了我喜欢的歌手□□周杰伦□下周来广州开演唱会□心里好激动啊□你喜欢他吗□

（2）我们汉语系的国际美食节一年举办一次□今年同学们制作了韩国菜□泰国菜□日本菜□西班牙菜□味道好极了□

（3）玛丽说□□我宿舍的网络特别不好□能不能到你宿舍去上一下网□□我答应她了□

（4）我喜欢在中国学习的原因□一□我喜欢汉语□二□中国的美食很吸引我□

第二十九课　标点符号
Lesson Twenty-nine

四、读一读

课后读一读下面这封信，想一想空格中可以填入哪些标点符号。

贞兰□

　　你好□

　　好久没有给你写信了□你最近好吗□

　　听说你要结婚了□听到这个消息□我心里真高兴□虽然我不在中国□无法参加你的婚礼□但是我还是要祝福你们□白头到老□幸福美满□

　　我生活得很好□工作也很顺利□最近我开始去健身房健身□我觉得出了汗以后身体特别舒服□你有空的话也多锻炼身体吧□

　　盼望你早点儿回信□

　　祝你

新婚快乐□

柳佳永

2019 年 8 月 20 日

Unit 10 第十单元

第三十课
应用：求职

一、学一学

求职信

哈哈公司：

　　我从网上得知贵公司需要一名翻译，我认为自己可以胜任这份工作。

　　我是毛里求斯人，今年23岁，2019年毕业于北京语言大学，毕业后在一家中资公司担任实习翻译，已具有丰富的中英文翻译经验。

　　我从小就对语言感兴趣，会说英语、法语、西班牙语，也会说广东话。我相信自己能成为一名合格的翻译。

　　按照贵公司要求，随信寄上我的相关材料。

　　此致

敬礼！

蔡卡卡

2019年6月10日

附件1：个人简历

附件2：北京语言大学毕业证书

第三十课 应用：求职
Lesson Thirty

二、说一说

请回答下面的问题：

1. 求职信的作者从哪里得知哈哈公司的招聘信息？

2. 哈哈公司要招聘什么职位的工作人员？

3. 作者为什么觉得自己能够胜任这份工作？

4. "附件"是什么意思？

三、写一写

1. 用括号里的词语改写句子。

（1）我觉得我能做好这份工作。（胜任）
  _____

（2）我已经有丰富的工作经验了。（具有）
  _____

（3）2019年我从北京大学毕业。（毕业于）
  _____

（4）我对自己有信心，能做好教学工作。（自信）

_____

（5）按照你们公司的要求，现寄上个人材料。（贵）

_____

2. 填写下面的表格，总结一下你适合做什么工作。

年龄		兴趣	
专业		特长	
有什么工作经验			
希望从事哪方面的工作			

3. 乔治旅行社要招聘导游、翻译、办公室秘书、经理等工作人员，请根据上表，选择你适合的职位，写一封求职信。

第三十课　应用：求职
Lesson Thirty

第三十课　应用：求职
Lesson Thirty

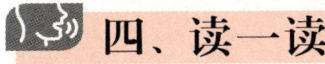 四、读一读

求职信

添添旅行社：

　　我从网上得知贵社正在招聘汉语导游人员，特写此信应聘。

　　我是泰国人，1997年出生于曼谷，曾在美国达拉斯大学学习英语，大学毕业后在中国的广州大学学习汉语。

　　我从小就对旅行很感兴趣，因为我的家人经常带我到处去旅行。上大学的时候，我也常陪美国学生和中国学生到泰国各地去游玩。通过旅行，一方面，我可以学习英文和中文，提高自己的语言水平；另一方面，我可以为大家介绍泰国各地的风景和文化。我觉得这是一件非常有意义的事情。我非常希望能够从事导游工作。

　　按贵社要求，随信寄上我的相关材料。

　　敬祝

业务顺利！

黄邦邦
2019年8月10日

附件1：个人简历
附件2：达拉斯大学毕业证书
附件3：广州大学毕业证书

参考答案 Reference Answer

第十六课　肖像描写

三、写一写

1. 判断下列句子中所描写的"他"或"她"的职业。

（1）老师

（2）厨师

（3）军人

（4）医生 / 护士

（5）空姐

2. 略。

3. 略。

第十七课　动作描写

三、写一写

1. 下面同一组的两个句子描写的是同一件事情、同一个动作，请你找出这两个句子不一样的地方，并想一想哪个句子的写得更好，为什么。

（1）b

（2）b

（3）b

2. 略。

3. 略。

第十八课　应用：申请

三、写一写

1. 申请书要写清楚申请的原因和申请的事项，请你模仿例句，把下表中的 a 部分和 b 部分连接成一个完整的句子。

（1）为了<u>更好地生活和学习</u>，我申请<u>调换一个安静的宿舍</u>。

（2）为了<u>检验和提高汉语水平</u>，我打算<u>到中国企业实习</u>。

（3）为了<u>让中国用户了解我公司的产品</u>，我公司申请<u>到贵市举行一个展销会</u>。

（4）为了<u>丰富留学生的课余生活</u>，我们打算<u>举办一个留学生舞会</u>。

2. 按申请书的格式给下面的句子排序。

②⑤①⑦③⑧④⑥⑪⑨⑩

3. 略。

第十九课　语言描写

三、写一写

1. 模仿例句，把句子替换成其他两种格式。

（1）"明天上午上听说课，不上综合课。"王老师对我们说。

　　王老师对我们说："明天上午上听说课，不上综合课。"

（2）"自己健身很容易受伤，"我告诉他，"还是得请教练指导。"

　　"自己健身很容易受伤，还是得请教练指导。"我告诉他。

（3）"我是我们国家汉语第二好的人，"卡门非常认真地说，"第一好的是我的老师。"

　　卡门非常认真地说："我是我们国家汉语第二好的人，第一好的是我的老师。"

（4）"你没去过广州塔？那你来广州后去哪里了？"黄小丽非常惊讶。

　　"你没去过广州塔？"黄小丽非常惊讶，"那你来广州后去哪里了？"

（5）林小文给我打电话："我们这里有好多好吃的，你来不来？"

　　"我们这里有好多好吃的，"林小文给我打电话，"你来不来？"

2. 根据提示，为人物选择合适的语言完成对话。

（1）B

（2）A

（3）B

（4）C

（5）A

3. 略。

第二十课　心理描写

三、写一写

1. 下面的描写体现了哪一种心理？请选择合适的词填到括号里。

（1）后悔

（2）惊讶

（3）遗憾

（4）犹豫

（5）嫉妒

（6）激动

（7）着急

（8）埋怨

2. 略。

3. 略。

第二十一课　应用：感谢

三、写一写

1. 下面这些词语经常搭配出现在感谢信中，请你连线。

真诚合作

密切联系

珍贵礼物

大力支持

友好往来

热情帮助

2. 先写出搭配词，再模仿例句，写出表示感谢的句子。

（1）密切＋（联系）

（2）珍贵＋（礼物）

（3）大力＋（支持）

（4）热情＋（帮助）

造句略

3. 请你给下面的短文排序。

②⑥⑦③⑨④⑤⑧①⑩

4. 略。

第二十二课　场面描写

三、写一写

1. 写出下面句子描写的是什么场面，有什么气氛。

（1）夏天乘凉　舒适

（2）婚礼　浪漫

（3）送机　依依不舍

（4）运动会　激动

2. 略。

3. 略。

4. 略。

第二十三课　写一个人

三、写一写

1. 下面是对两个性格完全不同的人的描写，请区分出哪些材料是描写"老师"的，哪些材料是描写"大哥"的，并接成文的先后顺序排列。

写"老师"的材料：⑦②①⑥⑩

写"大哥"的材料：⑨④⑧⑤③

2. 在描写一个人的特点时，可以举例进行说明，让读者对这个人有更加具体的印象。阅读下面的例子，总结出描写对象的特点。

（1）调皮

（2）认真

（3）麻利 / 热情

（4）有人情味儿 / 会做生意

（5）内向 / 羞涩

3. 略。

第二十四课　应用：欢迎

三、写一写

1. 欢迎词要根据场合的不同、来宾的不同使用不同的称呼语，请根据下列场合写出相应的称呼语。

（1）学校毕业晚会：<u>老师们、同学们</u>

（2）生日晚会：<u>亲人们、朋友们</u>

（3）婚礼：<u>女士们、先生们</u>

2. 用范文中的词语搭配。

（1）(欢迎) 光临

（2）(热烈) 的节日气氛

（3）(优异) 的成绩

（4）（真挚）的友谊

（5）（愉快）的合作

3. 略。

第二十五课　抓住特点

三、写一写

1. 描写景物的特点可以从颜色、形态、味道、声音等方面来切入。下面的句子分别是描写景物的什么特点？

（1）声音

（2）味道

（3）颜色

（4）形态

2. 描写景物的特点还可以从静态、动态等方面来进行。下面的句子分别描写的是景物的静态还是动态？

（1）动态

（2）动态

（3）静态

（4）动态

3. 略。

第二十六课　展开联想

略

二十七课　应用：简历

三、写一写

1. 下面是一些简历中常见的动词。请你为它们填出相应的名词。

（1）从事<u>工作</u>

（2）通过<u>考试</u>

（3）学习<u>专业</u>

（4）精通<u>英语</u>

（5）具有<u>能力</u>

2. 用括号里的词语改写句子。

（1）2015年至2017年他在中国留学。

（2）大卫具有用中文翻译英文的能力。

（3）我1995年出生于美国纽约。

（4）小王精通英语、法语、西班牙语。

（5）池田2013年至2017年就读于日本东京大学。

3. 略。

第二十八课　写一篇游记

略

第二十九课　标点符号

三、写一写

1. 下面这句话的后面能填入哪些标点符号？写一写并说出这句话相应的意思。

（1）你来了！

（2）你来了。

（3）你来了？

（4）你来了……

2. 在空格中填写合适的标点符号。

（1）：

（2）；

（3）、、

（4）！

（5），

（6）" "

（7）：

（8）《 》

（9）？

（10）！

（11）；

（12），

（13）《 》

（14）？

（15）、、

（16）" "

3. 在空格中填写合适的标点符号。

（1）《 》，——，，！？

（2）。、、、，！

（3）："，？"。

（4）：、；、。

四、读一读

（1）：

（2）！

（3）。

（4）？

（5）。

（6），

（7）！

（8），

（9），

（10）：

（11），

（12）！

（13），

（14）。

（15），

（16），

（17）！

（18）。

（19）！

第三十课　应用：求职

三、写一写

1. 用括号里的词语改写句子。

（1）我觉得我能胜任这份工作。

（2）我已经具有丰富的工作经验。

（3）2019年我毕业于北京大学。

（4）我自信能做好教学工作。

（5）按贵公司的要求，现寄上个人材料。

2. 略。

3. 略。

后 记
Postscript

　　这套教材是由暨南大学华文学院汉语系面向外国留学生的讲义《基础写作1》和《基础写作2》改编而成。该讲义在暨南大学华文学院使用多年。讲义最初每课有多篇例文和多道课后练习题，但十年来我们在教学实践的过程中，根据教学效果和教师、学生的反馈意见反复修改，最后缩减为现在的一课一两篇例文和三四道练习题（包括当堂写作）。目前国内面向汉语国际教育的写作课一般都是每周两课时，例文和练习过多，会占用大量课堂时间。因此，我们希望控制例文和练习的数量，把课堂更多的时间留给学生当堂写作。

　　汉语写作课每周才两课时，还要留比较多的时间给学生当堂写作，听起来有点儿"奢侈"。"听说读写"四种技能课中，听说课让学生当堂听和说，阅读课让学生当堂阅读，是非常普遍的做法，而在写作课上让学生当堂写作，似乎还不太常见。通过课堂教学实践，我们认为这是可行的也是必要的。对于留学生来说，在开始汉语写作时需要建立一些好的写作习惯，如：

　　1. 在写作前先列出文章的关键词或提纲，为正式写作做好结构准备。

　　2. 写作过程中不要边查字典边写作，可以在写作过程中用拼

后记
Postscript

音、学生的母语、媒介语、图画等代替不会写的汉语字词，写完全文再集中查字典或请教老师。

3. 当堂写作的注意力容易集中，课后写作容易被其他事情打断，影响写作进程和质量。

4. 写作速度需渐进提高，课后写作没有办法约束写作的时间，没有时间的规定就没有速度的提升。当堂写作，教师可以有效地帮助学生培养这些习惯。

此外，教师还可以组织学生当堂进行限时的小组讨论、调查、采访、对比等活动。这些活动可以为学生的写作内容提供帮助，降低当堂写作的难度。即使学生没有办法当堂写完，在课堂上完成作文的构思和提纲，也能有效提高学生的写作水平。

基于这些考虑，这套教材最终呈现为这样一种简单、拙朴的面貌，以尽量体现汉语国际教育"精讲多练"的教学原则。

近年来我们先后到日本、泰国、印度尼西亚、菲律宾、柬埔寨、马来西亚、意大利、美国等多个国家调研当地汉语写作的教学情况，为暨南大学海外教学点的汉语学习者授课，也多次为国侨办的华文教师进修班培训汉语写作教学法。在与海外的教师、学生交流的过程中，我们发现海外也亟须难度适中、训练有效的汉语基础写作教材。这套教材的例文和练习，也注意选择了不同国家的老师、学生都可以理解，都有话可说的内容。因此这套教材也适用于海外的华文写作教学。

本教材在定稿的过程中，我们受国侨办的委托，为柬埔寨的中小学华校编写了一套《华文写作》教材，因此本教材的编写方法也受到项目组莫海滨博士、宗世海博士、刘文辉博士、常芳清老师、王晶博士的启发和指导,感谢北京大学出版社的杜若明老师、任蕾老师、唐娟华老师的信任和帮助。热忱欢迎专家和同行们的批评和建议。

最后,谨以这套教材献给每一位曾在我们的写作课上畅所欲言、投入写作的留学生。

李丹丹

2018 年 6 月 20 日